LAS MATEMÁTICAS EN NUESTRO MUNDO

MIDIENDO
PARA UNA BÚSQUEDA
DEL TESORO

Por Jennifer Marrewa
Fotografías de Kay McKinley

Consultora de lectura: Susan Nations, M.Ed.,
autora/consultora de alfabetización/consultora de desarrollo de la lectura
Consultora de matemáticas: Rhea Stewart, M.A.,
especialista en recursos curriculares de matemáticas

WEEKLY READER®
PUBLISHING

Please visit our web site at www.garethstevens.com
For a free color catalog describing our list of high-quality books,
call 1-800-542-2595 (USA) or 1-800-387-3178 (Canada). Our fax: 1-877-542-2596

Library of Congress Cataloging-in-Publication Data available upon request from publisher.

ISBN-13: 978-0-8368-9025-9 (lib. bdg.)
ISBN-10: 0-8368-9025-6 (lib. bdg.)
ISBN-13: 978-0-8368-9034-1 (softcover)
ISBN-10: 0-8368-9034-5 (softcover)

This edition first published in 2008 by
Weekly Reader® Books
An Imprint of Gareth Stevens Publishing
1 Reader's Digest Road
Pleasantville, NY 10570-7000 USA

Senior Editor: Brian Fitzgerald
Creative Director: Lisa Donovan
Graphic Designer: Alexandria Davis

Spanish edition produced by A+ Media, Inc.
Editorial Director: Julio Abreu
Chief Translator: Luis Albores
Production Designer: Phillip Gill

CONTENIDO

Las palabras que aparecen en el glosario están impresas en **negritas** la primera vez que se usan en el texto.

Capítulo 1:
¡Sorpresa!

Hoy, la señora Pérez tiene una sorpresa para la clase. Los niños se reúnen en la alfombra. Karley ve una gran hoja de papel pegada en el pizarrón. El papel dice, "Pista Uno". ¿Qué quiere decir esto? Karley levanta la mano para preguntarle a la señora Pérez.

La señora Pérez ha escondido un tesoro en el salón. También ha escrito y escondido **pistas**. Las pistas llevarán a los estudiantes al tesoro. La señora Pérez le pide a Mónica que tome la pista del pizarrón. Mónica la lee en voz alta.

La pista dice, "Ve a un lugar silencioso. Después da 10 pasos de talón y punta hacia las ventanas y mira hacia abajo". La señora Pérez le pide a Jeremy que siga las instrucciones. Va al Centro de Lectura. Luego, da diez pasos hacia la ventana. Mira hacia abajo. Él ve la siguiente pista.

Jeremy abre la pista. Hay un cordón de zapato adentro. La pista dice, "Camina la **longitud** de 9 cordones. Ve hacia un lugar con cosas que te mantienen caliente". ¡Los abrigos te mantienen caliente!

La señora Pérez le pide a Andy que siga las instrucciones. Andy camina hacia los abrigos. Ahí encuentra la tercera pista.

La señora Pérez le pide a Kelly que lea
la tercera pista en voz alta. Dice, "Recorre
la longitud de 15 sillas hacia el lugar del
líder". ¡La señora Pérez es el líder! Le pide a
Chris que siga las instrucciones. Chris da 15
pasos hacia el escritorio de la señora Pérez.
Termina en la primera fila de pupitres.

La señora Pérez le pide a Anne que le ayude
a Chris. Anne ve una caja en una de las sillas. La
pista dice, "Tesoro". Ella lleva la caja a la alfombra.
La señora Pérez le pide a Anne que le dé la caja
a Steven. Steven abre la caja y encuentra una
sorpresa para todos. ¡Hay lápices adentro!

Capítulo 2:
Cómo planear la búsqueda de un tesoro

Ahora la señora Pérez quiere que los estudiantes planeen sus propias búsquedas de tesoros. Divide a la clase en dos grupos. Cada grupo planeará una búsqueda de tesoro para el otro grupo. Escribirán pistas. Esconderán tesoros. Tendrán que planear mucho.

Un grupo planeará una búsqueda de tesoro afuera. El otro grupo planeará una búsqueda de tesoro adentro. Los dos grupos tienen que usar medidas en sus pistas. Buscarán objetos y pensarán en ideas.

Un grupo sale con la señora Pérez a buscar un lugar donde esconder su tesoro. Andy tiene una cuerda. Piensa que pueden usar la cuerda para **medir**. Usarán la longitud de la cuerda para una de las pistas. También usarán pasos de talón y punta para medir.

El otro grupo va con el maestro de arte. Van al salón de arte. El grupo planea esconder su tesoro allí. Mónica piensa que pueden usar la longitud de un pincel para medir. También pueden usar losas del piso para medir. Empiezan a medir para poder escribir las pistas.

El grupo que está afuera primero planea
el lugar para su tesoro. Después escriben
las pistas. El grupo que está en el salón de
arte primero hace una lista de las pistas.
Después usan las pistas para escoger un
lugar para el tesoro.

La señora Pérez recoge las pistas de cada grupo. Le da a cada grupo una caja para que la decoren. Cada grupo traerá tesoros de su casa.

Los grupos esconderán tesoros en las cajas antes de la búsqueda de mañana. Las cajas tendrán algo para todos.

Capítulo 3:
La búsqueda del tesoro afuera

¡Hoy son las búsquedas de tesoros! El primer grupo se dirige afuera. Esconden sus pistas y el tesoro. No esconden la primera pista. Le darán esta pista al otro grupo. Los estudiantes están entusiasmados.

    ¡Empieza la búsqueda del tesoro afuera! Los estudiantes leen la primera pista. La pista dice, "Ve a un lugar donde puedes tomar agua. Después da 10 pasos de talón y punta hacia un lugar con pasto". ¡El bebedero es un lugar bueno para tomar agua!

El grupo camina hacia el bebedero. Tanya da 10 pasos de talón y punta hacia el campo de pasto. Encuentra otra pista. Ella ve una cuerda con la pista. La pista dice, "Camina la longitud de 14 cuerdas. Ve hacia un lugar divertido". ¡El patio para jugar es un lugar divertido!

Kayla camina la longitud de 14 cuerdas hacia el patio para jugar. Ahí encuentra otra pista. Hay una cuerda de saltar con esta pista. La pista dice, "Ve hacia un lugar con sombra. Camina la longitud de 3 cuerdas para saltar". ¡Los estudiantes siguen la pista y encuentran el tesoro!

Capítulo 4:
La búsqueda del tesoro adentro

Ahora es el momento de la búsqueda del tesoro adentro. La clase va al salón de arte. El grupo lee la primera pista. La pista dice, "Ve al lugar donde se guarda papel, pinturas y pinceles. Después, camina hacia los objetos altos. Camina la longitud de 11 pinceles". ¡Se dirigen hacia las pinturas y los pinceles!

Los estudiantes toman un pincel del estante. Sabine mide la longitud de 11 pinceles hacia los **caballetes** altos. Ahí encuentra una pista. Esta pista dice, "Camina 16 losas del piso. Ve hacia un lugar colorido". La pared donde se ponen las pinturas de los alumnos está llena de colores.

Britt camina 16 losas del piso. Encuentra la tercera pista. La pista dice, "Ve hacia el lugar por donde entra la luz. Recorre la longitud de 9 cajas de lápices". Los estudiantes siguen las instrucciones. Caminan hacia las ventanas. Mike ve una caja brillante. ¡Es el tesoro!

Los dos grupos regresan al salón con sus tesoros. Hablan sobre las pistas que encontraron. También hablan de los diferentes objetos que usaron para medir.

Todo el grupo pasó un rato muy bueno. ¡Las búsquedas de tesoros fueron muy divertidas!

Glosario

caballete: un soporte usado para sostener una pintura

longitud: la medida de algo de punta a punta

medir: usar unidades para encontrar el tamaño o la longitud de algo

pista: un mensaje que ayuda a resolver un problema. El mensaje puede ser palabras o imágenes.

Nota acerca de la autora

Jennifer Marrewa es una ex maestra de primaria que escribe libros para niños, poesía, no ficción, y materiales educativos suplementarios. Vive en California con su esposo y dos niños.